B2

# Hörtraining neu

## für das Goethe-Zertifikat B2

Gaby Grammenou

Hueber

Audios online auf **www.hueber.de/audioservice**

Inhalt der MP3-Dateien zum Buch:



Sprecherinnen und Sprecher: Lenny Peteanu, Verena Rendtorff, Martin Valdeig, Thomas Wenke, Lara Wurmer

Produktion: Tonstudio Graf, Puchheim



1. Auflage



**www.karabatos.gr**
Verlagsredaktion: Manuela Georgiakaki, Athen
Umschlaggestaltung, Layout und Herstellung: ms design, Athen

Printed in Greece
ISBN 978-960-465-076-7 | 978-3-19-321684-7

## Vorwort

Das Modul HÖREN der Prüfung *Goethe-Zertifikat B2* stellt, wie jede Hörverstehensprüfung, eine Herausforderung dar. Mit **Hörtraining B2 neu** können Sie sich schon ab der ersten Unterrichtsstunde im B2-Unterricht schrittweise auf die Anforderungen der Prüfung vorbereiten.

Im **ersten Teil** des Buches lernen Sie die typischen Textsorten und Aufgabenformen des Moduls HÖREN im *Goethe-Zertifikat B2* kennen und können anhand leichterer Hörtexte üben. Wertvolle Tipps an geeigneten Stellen präsentieren effiziente Hörstrategien. Diese können Sie direkt im anschließenden Text anwenden.

Der **zweite Teil** des Buches bietet fünf komplette Modelltests. Diese entsprechen in Textsorten und Länge der Texte, Aufgabentypen und Zeitvorgaben der Prüfung *Goethe-Zertifikat B2*. So haben Sie Gelegenheit, in prüfungsähnlichen Situationen Ihr Können und Wissen zu testen.

Das Modul HÖREN beim *Goethe-Zertifikat B2* umfasst folgende vier Teile:

| Teil | Aufgabe | hört man | Messpunkte |
|---|---|---|---|
| 1 | zu 5 Alltagstexten jeweils eine Multiple-Choice-Aufgabe und eine Richtig-Falsch-Aufgabe lösen | 1x | 10 |
| 2 | zu einem Radiointerview 6 Multiple-Choice-Aufgaben lösen | 2x | 6 |
| 3 | in einem Radiogespräch mit mehreren Personen 6 Aussagen 3 Sprechern zuordnen | 1x | 6 |
| 4 | zu einem Vortrag 8 Multiple-Choice-Aufgaben lösen | 2x | 8 |
| | insgesamt | | 30 |

Die Hörtexte können Sie als kostenlose MP3-Dateien unter **www.hueber.de/audioservice** herunterladen.

Dank:

Mein Dank gilt allen, die sich bereitwillig für Interviews zur Verfügung gestellt haben. Ebenfalls danke ich für die tollen Fotos, die ihr mir überlassen habt.

*Gaby Grammenou*

# Inhaltsverzeichnis

# 1 ÜBUNGSTEST

1 **Welche Personengruppen machen eine Diät? Warum macht man eine Diät? Machen Sie Notizen. Dann erzählen Sie.**

1 2 **Hören Sie das Gespräch. Wer spricht? Was erfahren Sie über die Personen? Machen Sie Notizen.**

1 3 **Lesen Sie die Aufgaben. Hören Sie dann das Gespräch noch einmal. Wählen Sie bei jeder Aufgabe: Wer sagt das?**

1. Sie/Er ist mit Freunden zum Essen verabredet.

a Katja  ☒ Sven

2. Sie/Er ist von der 1000-Kalorien-Diät überzeugt.

a Katja  b Sven

3. Sie/Er will in einem Monat einige Kilo Gewicht verlieren.

a Katja  b Sven

4. Sie/Er findet eine richtige Ernährung wichtig.

a Katja  b Sven

5. Sie/Er hält die Intervall-Diät für besser geeignet.

a Katja  b Sven

6. Sie/Er findet Burger mit Pommes bei Diäten unpassend.

a Katja  b Sven

7. Sie/Er verbindet Essen mit Lebensfreude.

a Katja  b Sven

8. Sie/Er geht vielleicht am Abend mit.

a Katja  b Sven

# ÜBUNGSTEST 2

2 **1 Lesen Sie die Aufgabe. Hören Sie dann die Radiomeldung. Wählen Sie die richtige Lösung.**

Die neue Schule hilft, die akute Schulraumnot zu lösen. Richtig Falsch

2 **2 Lesen Sie die Aufgabe. Hören Sie dann die Radiomeldung noch einmal. Wählen Sie die richtige Lösung.**

Die neue Schule ...

a) wird in der Cäsarstraße gebaut.

b) soll schnell ihren Betrieb aufnehmen.

c) soll die alte Schule ersetzen.

2 **3 Hören Sie die Radiomeldung noch einmal und lesen Sie mit. Kontrollieren Sie Ihre Lösung in 2 mithilfe des Textes. Begründen Sie Ihre Lösung.**

Marienburg. Wie der Rat der Stadt gestern auf einer Pressekonferenz bekannt gab, wird im kommenden Jahr mit dem Bau einer neuen Grundschule in der Goethestraße begonnen. Die neue Schule wird dreizügig sein und wird ca. 300 Schülern Platz bieten. Damit die dringend benötigte Schule als Entlastung für die Grundschule in der Cäsarstraße bald eröffnet werden kann, wird das Gebäude in modularer Systembauweise entstehen. Die Baukosten betragen voraussichtlich 24 Millionen Euro.

# 3 ÜBUNGSTEST

3 **1 Lesen Sie die Fragen. Hören Sie dann Abschnitt 1 des Interviews und machen Sie Notizen.**

1. Wer wird hier interviewt?

   ______________________________

2. Über welches Thema wird gesprochen?

   ______________________________

3. Um welche These geht es hier?

   ______________________________

4 **2 Lesen Sie die Aufgaben zu Abschnitt 2. Hören Sie dann Abschnitt 2. Wählen Sie bei jeder Aufgabe die richtige Lösung.**

| | | | |
|---|---|---|---|
| 1. | Man sollte täglich mindestens 1,5 Liter Wasser trinken. | Richtig | Falsch |
| 2. | Bei körperlichen oder geistigen Tätigkeiten muss man mehr als 3 Liter pro Tag trinken. | Richtig | Falsch |
| 3. | Flüssigkeitsmangel kann zu Problemen im Alltag führen. | Richtig | Falsch |
| 4. | Vor dem Autofahren muss man viel Wasser trinken. | Richtig | Falsch |

5 **3 Lesen Sie die Aufgaben zu Abschnitt 3. Hören Sie dann Abschnitt 3. Wählen Sie bei jeder Aufgabe die richtige Lösung.**

| | | | |
|---|---|---|---|
| 1. | Studierende machten ein Experiment mit Medizinern. | Richtig | Falsch |
| 2. | In einer Vorlesung durften nur 50% der Testpersonen trinken. | Richtig | Falsch |
| 3. | Alle Testpersonen waren nach der Vorlesung sehr müde. | Richtig | Falsch |
| 4. | Der Intelligenzquotient wird durch Flüssigkeitsmangel negativ beeinflusst. | Richtig | Falsch |

6 **4** **Lesen Sie die Aufgaben zu Abschnitt 4. Hören Sie dann Abschnitt 4. Wählen Sie bei jeder Aufgabe die richtige Lösung.**

1. Warum trinken Menschen oft zu wenig?

   (a) Weil sie keinen Durst verspüren.

   (b) Weil sie im Alltag nicht ihr Durstgefühl beachten.

   (c) Weil sie keinen Flüssigkeitsmangel haben.

2. Welche Ratschläge gibt Herr Professor Pipenbrink?

   (a) Schon morgens den Tag mit Wassertrinken beginnen.

   (b) Alle zwei Stunden eine kleine Flasche Wasser trinken.

   (c) Jede Stunde eine Pause zum Wassertrinken einlegen.

7 **5** **Hören Sie den ganzen Text noch einmal und kontrollieren Sie Ihre Lösungen in 1 – 4.**

# 4 ÜBUNGSTEST

1 **Lesen Sie die Wörter und überlegen Sie: Um welches Thema geht es im folgenden Hörtext? Kreuzen Sie an.**

Fan-Shop • Duell • Saisonhälfte • Stadion • Winterpause • Rivale • Spiele • Tabellenspitzenplatz • Dauerkarten • Rückrunde • Liga

(a) Jahreszeiten (b) Theater (c) Mannschaftssport

8 2 **Lesen Sie die Aufgaben. Hören Sie dann die Radiomeldung. Wählen Sie bei jeder Aufgabe die richtige Lösung.**

1. Es können Tickets für die neue Ligaspielzeit gekauft werden. **Richtig** **Falsch**
2. Eintrittskarten für alle Spiele nach der Winterpause werden angeboten. **Richtig** **Falsch**

8 3 **Lesen Sie die Aufgabe. Hören Sie dann die Radiomeldung noch einmal. Wählen Sie die richtige Lösung.**

Eine Dauerkarte ...

(a) gilt für sieben Rückrundenspiele.

(b) kann man bis zum 25. November günstig kaufen.

(c) ist preislich günstiger als Einzelkarten.

9 **1** **Lesen Sie die Aufgaben. Hören Sie dann den Vortrag und beantworten Sie die Fragen.**

1. Um welches Thema geht es in dem Vortrag?

   ______________________________

2. Für wen sind die Informationen besonders interessant?

   ______________________________

3. Werden Lösungsvorschläge für das Problem genannt?

   ______________________________

10 **2** **Lesen Sie die Aufgaben zu Abschnitt 1. Hören Sie dann Abschnitt 1 noch einmal. Wählen Sie bei jeder Aufgabe die richtige Lösung.**

| | | |
|---|---|---|
| 1. Fettleibigkeit betrifft vor allem ältere Menschen. | Richtig | Falsch |
| 2. Viele Übergewichtige bemerken die Körpersignale nicht mehr. | Richtig | Falsch |

11 **3** **Lesen Sie die Aufgaben zu Abschnitt 2. Hören Sie dann Abschnitt 2 noch einmal und lösen Sie die Aufgaben.**

1. **Unterstreichen Sie das richtige Wort.**

   Bevor wir an einer Grippe erkranken, erhöht sich das Verlangen nach **Schokolade / Zucker / Obst / Süßem**.

2. **Ergänzen Sie das fehlende Wort.**

   Um unsere Körpersignale besser zu verstehen, haben wir im modernen Alltag zu ____________ Zeit.

12 **4** **Lesen Sie die Aufgaben zu Abschnitt 3. Hören Sie dann Abschnitt 3 noch einmal und lösen Sie die Aufgaben.**

1. **Ergänzen Sie.**

   Sitze oder ____________ ich gerade oder ____________? Bin ich hungrig oder ____________? Müde oder ____________? Atme ich flach oder ____________, langsam oder ____________?

2. **Welche Tipps gibt Frau Spiekers? (1 Angabe)**

   ______________________________

   ______________________________

9 **5** **Hören Sie den ganzen Text noch einmal und kontrollieren Sie Ihre Lösungen in 2 – 4.**

# 6 ÜBUNGSTEST

13 **1 Lesen Sie die Aufgaben. Hören Sie dann die Radiomeldung. Wählen Sie bei jeder Aufgabe die richtige Lösung.**

1. Auto- und LKW-Fahrer stellen eine Gefahr für Fahrradfahrer dar. **Richtig** **Falsch**
2. Die Ortsinitiative kritisiert deutlich die Verkehrssituation. **Richtig** **Falsch**
3. Die Autofahrer sollen Rücksicht auf Radfahrer nehmen. **Richtig** **Falsch**

**Tipp**

**Vor dem Hören haben Sie Zeit, die Aufgaben zu lesen. Dabei kann es passieren, dass Ihnen direkt eine Antwort richtig erscheint, weil Sie über ein bestimmtes Allgemein- und Weltwissen verfügen. Das kann zu falschen Antworten führen, denn wir kreuzen nur die Aussage als richtig an, die mit dem gehörten Text übereinstimmt.**

13 **2 Überlegen Sie: Welche der Aufgaben in 1 würden Sie spontan als Richtig ankreuzen? Hören Sie die Radiomeldung noch einmal und kontrollieren Sie, ob Ihr Weltwissen Sie zu einer falschen Antwort verleitet hat.**

13 **3 Lesen Sie die Aufgabe. Hören Sie dann die Radiomeldung noch einmal. Wählen Sie die richtige Lösung.**

Bürger des Ortes ...

a) wollen die Einwohner über das Problem informieren.

b) wollen die Straße breiter machen.

c) sollen häufiger den Bus benutzen.

13 **4 Hören Sie die Radiomeldung noch einmal und kontrollieren Sie Ihre Lösung in 3.**

14 **1 Lesen Sie die Aufgabe. Hören Sie dann den Vortrag. Wählen Sie die richtige Lösung.**

Welche Einstellung hat der Redner zur Digitalisierung im Alltag?

(a) Eine negative.

(b) Eine kritische.

**Tipp**

**In einem Gespräch werden Themen meistens durch die Fragen eines Interviewers, Moderators oder Gesprächspartners eingeleitet oder angesprochen. Das hilft bei der Orientierung im Text.**

**In Monologen gibt es keine Fragen. Es kann also schwieriger sein, die wichtigen Inhaltspunkte mitzuverfolgen. Deshalb ist es hier besonders wichtig, vor dem ersten Hören die Aufgaben sehr aufmerksam zu lesen und Schlüsselwörter zu unterstreichen. Schlüsselwörter helfen, einen Text zu verstehen. Nutzen Sie die Zeit vor dem Hören und notieren Sie sich, wenn möglich, neben den Aufgaben auch Synonyme zu den Schlüsselwörtern.**

**2 Verbinden Sie die Synonyme.**

| | |
|---|---|
| 1. kostspielig | (a) provozierend |
| 2. zeitaufwendig | (b) hochladen |
| 3. gemütliches Beisammensein | (c) zeitraubend |
| 4. posten | (d) Treffen im Freundeskreis |
| 5. im gleichen Augenblick | (e) teuer |
| 6. herausfordernd | (f) gleichzeitig |

3 **Lesen Sie die Aufgaben. Unterstreichen Sie die Schlüsselwörter aus 2 (1-6).**

1. Fotos machen war früher ...

   a) viel kostspieliger und zeitaufwendiger als heute.

   b) nur an Festtagen möglich.

2. Man guckte die Fotos ...

   a) an und hörte langweilige Reiseberichte.

   b) oft bei einem gemütlichen Beisammensein an.

3. Die Technik heute ermöglicht es, ...

   a) Fotos direkt auf dem Smartphone breiter zu machen.

   b) Fotos ohne Verzögerung weltweit zu posten.

4. Wichtige Ereignisse ...

   a) werden immer sofort kommuniziert.

   b) erfahren viele Menschen oft im gleichen Augenblick.

5. Der Redner findet seine Thesen ...

   a) herausfordernd für eine Gesprächsrunde.

   b) vernünftig und unbedingt richtig.

14 4 **Hören Sie den Vortrag noch einmal. Wählen Sie in 3 bei jeder Aufgabe die richtige Lösung.**

15 **1** **Lesen Sie die Aufgaben. Hören Sie dann den Werbespot. Wählen Sie bei jeder Aufgabe die richtige Lösung.**

1. Man kann an Sonntagen viele Sportarten umsonst ausüben. — Richtig / Falsch
2. Der Sprecher nennt die genauen Uhrzeiten der einzelnen Programme. — Richtig / Falsch

15 **2** **Lesen Sie die Aufgaben. Hören Sie dann den Werbespot noch einmal. Wählen Sie bei jeder Aufgabe die richtige Lösung.**

1. Die Sportveranstaltungen kann man gut vom Sofa aus beobachten. — Richtig / Falsch
2. Alle Altersgruppen können an den Sportveranstaltungen teilnehmen. — Richtig / Falsch
3. Leider fehlen im Angebot Ballsportarten. — Richtig / Falsch
4. Das Angebot ist zeitlich nicht begrenzt. — Richtig / Falsch
5. Geschulte Trainer helfen bei den Übungen. — Richtig / Falsch
6. Interessierte sollen vor allem Freude am Aktivsein haben. — Richtig / Falsch

15 **3** **Hören Sie den Werbespot noch einmal und kontrollieren Sie Ihre Lösungen in 2.**

# 9 ÜBUNGSTEST

1 **Waldkindergarten – Was stellen Sie sich unter diesem Begriff vor? Wählen Sie a, b, oder c und begründen Sie Ihre Auswahl.**

- a) Pflegestation für junge Wildtiere
- b) Naturkindergarten für Kinder
- c) Kindergartengebäude aus Holz

16 2 **Hören Sie Abschnitt 1 der Radiosendung und kontrollieren Sie Ihre Lösung in 1.**

17 3 **Lesen Sie die Aufgaben. Hören Sie dann die ganze Radiosendung. Wählen Sie bei jeder Aufgabe die richtige Lösung.**

1. Die Kinder im Waldkindergarten ...
   - a) halten sich vorwiegend in der freien Natur auf.
   - b) gehen bei Schnee und Regen in den Bauwagen.
   - c) können im Herbst nur mit Gummistiefeln draußen spielen.
2. Mit welchen Spielsachen spielen die Kinder?
   - a) Mit den Spielsachen aus dem Kindergarten.
   - b) Mit Naturmaterialien aus dem Wald.
   - c) Mit lebenden Tieren im Wald.
3. Die Kinder im Waldkindergarten ...
   - a) sind im Vergleich aufmerksamer als andere Kinder.
   - b) hören viele Geschichten über die Natur.
   - c) müssen mehr Verantwortung übernehmen.
4. Frau Fischer ...
   - a) unterschätzt oft die Beobachtungsgabe von Kindern.
   - b) konzentriert sich auf die Beobachtung der Kinder.
   - c) möchte Kindern Naturphänomene näherbringen.

5. Eine enge Beziehung zu den Kindern ist wichtig, um ...

   (a) schon im frühen Alter Begabungen festzustellen.

   (b) gestörte Kinder frühzeitig in die Vorschule zu schicken.

   (c) sich bei den Kindern bemerkbar zu machen.

6. Die Eltern ...

   (a) arbeiten auch im Kindergarten mit.

   (b) entscheiden sich bewusst für diesen Kindergarten.

   (c) haben ganz spezielle Forderungen an Frau Fischer.

17 **4 Hören Sie die Radiosendung noch einmal und kontrollieren Sie Ihre Lösungen in 3.**

# 10 ÜBUNGSTEST

1 **Was wissen Sie über Pilates? Machen Sie Notizen. Dann erzählen Sie.**

18 2 **Hören Sie den Vortrag. Haben Sie etwas Neues erfahren? Erzählen Sie.**

18 3 **Lesen Sie die Aufgabe. Hören Sie dann den Vortrag noch einmal. Ordnen Sie die Themen nach der Reihenfolge im Text.**

- ◯ Pilates für alle Menschen geeignet
- ◯ Wöchentliches Übungstreffen in der Gruppe
- ◯ Aufrechtes Gehen als Resultat
- ◯ Pilates sorgt für ein gutes Lebensgefühl
- ◯ Häufigkeit der Übungen zu Hause
- ◯ Überschwerpunkt: Die inneren Muskeln

18 4 **Lesen Sie die Aufgaben. Hören Sie dann den Vortrag noch einmal. Wählen Sie bei jeder Aufgabe die richtige Lösung.**

| | | | |
|---|---|---|---|
| 1. | Die Kursteilnehmer sind erfahrene Pilates-Schüler. | Richtig | Falsch |
| 2. | Der Kurs trifft sich regelmäßig zwei Stunden zu den Übungen. | Richtig | Falsch |
| 3. | Pilates ist mehr als nur körperliche Übungen. | Richtig | Falsch |
| 4. | Einige Übungen kann man äußerlich nicht erkennen. | Richtig | Falsch |
| 5. | Für Pilates darf man keine körperlichen Probleme haben. | Richtig | Falsch |
| 6. | Nicht alle Kursteilnehmer machen die Übungen auf dieselbe Weise. | Richtig | Falsch |
| 7. | Man kann durch Pilates sogar etwas größer werden. | Richtig | Falsch |

# ÜBUNGSTEST 11

1 **Hacker – Wer oder was ist das? Was verbinden Sie mit dem Begriff? Machen Sie Notizen. Dann erzählen Sie.**

19 2 **Lesen Sie die Aufgaben. Hören Sie dann das Gespräch. Wählen Sie bei jeder Aufgabe die richtige Lösung.**

1. Emmy ist Programmiererin. **Richtig** **Falsch**
2. Lennard Buchmüller ist nicht mehr berufstätig. **Richtig** **Falsch**

19 3 **Lesen Sie die Aufgaben. Hören Sie dann das Gespräch noch einmal. Wählen Sie bei jeder Aufgabe: Wer sagt das?**

1. Die Hacker School ist ein noch ziemlich unbekanntes Projekt.

   a) Moderatorin b) Emmy, Schülerin c) Lennard Buchmüller, IT-Fachmann

2. Auch Mädchen können Apps programmieren lernen.
   a) Moderatorin b) Emmy, Schülerin c) Lennard Buchmüller, IT-Fachmann
3. Gute Englischkenntnisse sind in der IT-Branche notwendig.
   a) Moderatorin b) Emmy, Schülerin c) Lennard Buchmüller, IT-Fachmann
4. Man braucht für die Workshops keine teure Computerausstattung.
   a) Moderatorin b) Emmy, Schülerin c) Lennard Buchmüller, IT-Fachmann
5. Der Kursleiter erklärt alles ruhig und anschaulich.
   a) Moderatorin b) Emmy, Schülerin c) Lennard Buchmüller, IT-Fachmann
6. Sowohl jüngere als auch ältere Jugendliche arbeiten zusammen.
   a) Moderatorin b) Emmy, Schülerin c) Lennard Buchmüller, IT-Fachmann

# 12 ÜBUNGSTEST

20 **1 Lesen Sie die Aufgaben. Hören Sie dann das Gespräch. Wählen Sie bei jeder Aufgabe die richtige Lösung.**

1. Die Frau möchte neue Medikamente kaufen. — Richtig / Falsch
2. Die Frau kauft nichts in der Apotheke. — Richtig / Falsch

20 **2 Lesen Sie die Aufgaben. Hören Sie dann das Gespräch noch einmal. Wählen Sie bei jeder Aufgabe die richtige Lösung.**

1. Der Apotheker gibt allgemeine Auskünfte über ...
   - a Schmerztabletten.
   - b eine Hausapotheke.
   - c Notfälle.
2. Die Frau ...
   - a möchte ihre alten Medikamente entsorgen.
   - b will eine Medikamentenliste.
   - c möchte eine Hausapotheke einrichten.

# ÜBUNGSTEST 13

1 **Was wissen Sie über Ayurveda? Wo haben Sie das Wort schon einmal gehört? Machen Sie Notizen. Dann erzählen Sie.**

2 **Welche Begriffe passen nicht zu Ayurveda? Streichen Sie durch.**

Wellness • Stress • Meditation • Aufregung • Ernährung • Entspannung • Konflikte • Ruhe

3 **Ergänzen Sie die Wörter in der richtigen Form.**

Geschmackssinn • Gewürz • Geschmacksrichtung • Verdauung

1. Den Weg der Nahrung durch den Körper nennt man auch ______________________.
2. Pfeffer, Chili, Salz gehören zu den ______________________.
3. Süß, bitter, herb sind ______________________.
4. Mit dem ______________________ erkennen wir, wie Speisen schmecken.

21 4 **Hören Sie das Interview. Was war Ihnen schon bekannt? Vergleichen Sie mit Ihren Notizen und Ihren Erzählungen aus 1.**

21 **5** **Lesen Sie die Aufgaben. Hören Sie dann das Interview noch einmal. Wählen Sie bei jeder Aufgabe die richtige Lösung.**

1. Ayurveda ...

   a) beschäftigt sich vor allem mit der Ernährung.

   b) ist der Schlüssel zum Wissen.

   c) ist eine alte Lehre über das Leben an sich.

2. Die drei Doshas ...

   a) müssen gleichmäßig im Körper des Menschen verteilt sein.

   b) sollen im Körper in Balance sein.

   c) bilden die fünf Elemente des Universums.

3. Bei der ayurvedischen Ernährung wird sehr viel Wert ... gelegt.

   a) auf eine optimale Verdauung

   b) auf genügend Vitamine, Mineralien und Proteine

   c) auf den guten Geschmack der Lebensmittel

4. Ein ausgewogenes ayurvedisches Menü ...

   a) ist entweder süß, salzig, sauer oder scharf.

   b) sollte alle sechs Geschmacksrichtungen enthalten.

   c) ist dem Geschmackssinn der Menschen angepasst.

5. Im Alltag kann ayurvedische Ernährung ... integriert werden.

   a) nur sehr schwierig

   b) nicht immer

   c) relativ einfach

6. Welche Zutaten sind bei einer ayurvedischen Mahlzeit auch wichtig?

   a) Eine Reihe von Gewürzen.

   b) Proteine in Form von Fleisch.

   c) Ein Glas Wasser mit Obst.

# ÜBUNGSTEST 14

22 **1** **Lesen Sie die Aufgabe. Hören Sie dann das Interview. Ordnen Sie die Themen nach der Reihenfolge im Text.**

- ◯ Zukunftsprojekt
- ◯ Herkunft von Herrn Darvinian
- ◯ Schwierigkeiten im Beruf
- ◯ Musik seiner Heimat
- ◯ Gemeinschaftliches Singen
- ◯ Beruf

**Tipp**

**In den Aufgaben zu den Texten kommen selten dieselben Wörter wie im Hörtext vor. Oft werden Synonyme verwendet.**

**2** **Verbinden Sie die Synonyme nach der Bedeutung im Text.**

| | |
|---|---|
| 1. sich engagieren | (a) beträchtlich |
| 2. erläutern | (b) zusammenkommen |
| 3. erheblich | (c) beeinflussen |
| 4. aufeinandertreffen | (d) fesseln |
| 5. prägen | (e) umsonst |
| 6. begeistern | (f) beschreiben |
| 7. kostenlos | (g) sich beschäftigen |

# 14 ÜBUNGSTEST

22 **3 Lesen Sie die Aufgaben. Hören Sie dann das Interview noch einmal. Wählen Sie bei jeder Aufgabe die richtige Lösung.**

1. Herr Darvinian lebte und studierte in Armenien. **Richtig** **Falsch**
2. Deutsch lernte er schon als Kind. **Richtig** **Falsch**
3. Er beschäftigt sich nebenberuflich als Musiklehrer. **Richtig** **Falsch**
4. Die Musik der Big Band führt zu beträchtlichen Problemen mit den Nachbarn. **Richtig** **Falsch**
5. Der Chor kann in einer Schule umsonst proben. **Richtig** **Falsch**
6. Chor und Big Band sollen bei gemeinsamen Proben zusammentreffen. **Richtig** **Falsch**
7. Die armenische Kirchenmusik wurde durch die Antike beeinflusst. **Richtig** **Falsch**
8. Religiöse armenische Lieder hört man sonst nur in der Kirche. **Richtig** **Falsch**
9. Kein Schüler findet das Fach Musik fesselnd. **Richtig** **Falsch**
10. Die Chorproben sind meistens langweilig. **Richtig** **Falsch**

# ÜBUNGSTEST 15

1 **Verbinden Sie das Bestimmungswort mit den angegebenen Grundwörtern und notieren Sie die zusammengesetzten Nomen mit Artikel.**

| **Bestimmungswort:** | **Grundwort:** | |
|---|---|---|
| Arbeit(s) | -markt | __________ |
| | -vermittlung | __________ |
| | -förderung | __________ |
| | -aufnahme | __________ |

**Tipp**

**In der deutschen Sprache gibt es sehr viele zusammengesetzte Nomen (Komposita). Diese Besonderheit der deutschen Sprache kommt in Vorträgen, Vorlesungen und Referaten sehr häufig vor. Dort haben die Komposita oft ein Bestimmungswort, das mit dem Thema zu tun hat.**

**Im folgenden Hörtext geht es um die Agentur für Arbeit; viele Wörter beginnen mit dem Bestimmungswort „Arbeit". Konzentrieren Sie sich beim Hören besonders auf das Grundwort, wenn Sie das Bestimmungswort hören.**

23 2 **Lesen Sie die Aufgabe zu Abschnitt 1 des Vortrags. Hören Sie dann Abschnitt 1 und ergänzen Sie.**

Herr Heinrichs hält die Begrüßungsrede im __________. Die Zuhörer beginnen an diesem Tag ihre Ausbildung zum __________.

24 3 **Welche Komposita hören Sie? Hören Sie Abschnitt 2 und verbinden Sie die Wortteile.**

| Arbeits- | -amt |
|---|---|
| | -bereich |
| | -zeit |
| | -vermittlung |
| | -markt |
| | -suche |
| | -beginn |
| | -stelle |
| | -agentur |

25 4 **Wer wird im Text als „Kunde" bezeichnet? Hören Sie Abschnitt 3 und notieren Sie.**

__________

26 **5** **Lesen Sie die Aufgabe zu Abschnitt 4. Hören Sie dann Abschnitt 4 und ergänzen Sie.**

Ein großes Problem für Langzeitarbeitslose ist es, einen ______________ Job zu finden. Ein 1-Euro-Job ist kein Arbeitsangebot, sondern eine Arbeits______________. Die Arbeits______________ sollen sich wieder an einen Tages______________ oder eine Tagesstruktur gewöhnen. Sie bekommen keinen richtigen Lohn, sondern eine ______________.

27 **6** **Lesen Sie die Aufgabe zu Abschnitt 5. Hören Sie dann Abschnitt 5. Wählen Sie die richtige Lösung.**

Das Jobcenter bietet kostenpflichtig verschiedene Fördermaßnahmen an. **Richtig** **Falsch**

28 **7** **Lesen Sie die Aufgaben zu Abschnitt 6. Hören Sie dann Abschnitt 6. Wählen Sie bei jeder Aufgabe die richtige Lösung.**

1. Es gibt eine stabile Nachfrage nach Personal in allen Arbeitsbereichen. **Richtig** **Falsch**
2. Zurzeit sucht man besonders viele Fachkräfte in Pflegeberufen. **Richtig** **Falsch**

29 **8** **Lesen Sie die Aufgabe zu Abschnitt 7. Hören Sie dann Abschnitt 7. Wählen Sie die richtige Lösung.**

Viele Arbeitssuchende sind nicht sehr motiviert zu arbeiten, weil sie zu wenig Geld durch Arbeit verdienen. **Richtig** **Falsch**

30 **9** **Lesen Sie die Aufgaben zu Abschnitt 8. Hören Sie dann Abschnitt 8. Wählen Sie bei jeder Aufgabe die richtige Lösung.**

1. Die Kinderbetreuung ist bei Alleinerziehenden oft noch ein zusätzliches Problem bei einer Arbeitsvermittlung. **Richtig** **Falsch**
2. Eine erfolgreiche Arbeitsvermittlung ist nicht immer einfach. **Richtig** **Falsch**
3. Die zukünftigen Arbeitsvermittler freuen sich auf ihre Aufgabe. **Richtig** **Falsch**

31 **10** **Hören Sie den ganzen Vortrag noch einmal und kontrollieren Sie Ihre Lösungen in 2 – 9.**

32 **1 Über welches gesellschaftliche Problem soll in der Sendung diskutiert werden? Hören Sie die Einleitung und machen Sie Notizen.**

**2 Was wissen Sie selbst über dieses Problem? Machen Sie Notizen. Dann erzählen Sie.**

**Tipp**

**In der Einleitung eines Hörtextes wird das Thema kurz umrissen. Oft werden auch schon Unterpunkte genannt. Konzentrieren Sie sich daher auf das Thema und die genannten Punkte. Hilfe bekommen Sie auch schon durch das genaue Lesen der Aufgaben vor dem Hören.**

33 **3 Lesen Sie die Aufgaben. Hören Sie dann das Gespräch. Wählen Sie bei jeder Aufgabe: Wer sagt das?**

1. Bei Gewalttaten durch Kinder werden oft Personen verletzt.

(a) Moderator (b) Elke Reinhard, Kinder- und Jugendpsychologin (c) Leonard Schmückler, Jurist

2. Es gibt weniger kriminelle Kinder als vor 10 Jahren.

(a) Moderator (b) Elke Reinhard, Kinder- und Jugendpsychologin (c) Leonard Schmückler, Jurist

3. Kinder dürfen dem Gesetz nach nicht bestraft werden.

(a) Moderator (b) Elke Reinhard, Kinder- und Jugendpsychologin (c) Leonard Schmückler, Jurist

4. Kinder sollte man vor einen Richter stellen dürfen.

(a) Moderator (b) Elke Reinhard, Kinder- und Jugendpsychologin (c) Leonard Schmückler, Jurist

5. Sozialdienste für die Gesellschaft wären mögliche Strafen.

   (a) Moderator (b) Elke Reinhard, Kinder- und Jugendpsychologin (c) Leonard Schmückler, Jurist

6. Vorbeugen ist besser als Strafe.

   (a) Moderator (b) Elke Reinhard, Kinder- und Jugendpsychologin (c) Leonard Schmückler, Jurist

33 **4 Hören Sie das Gespräch noch einmal und kontrollieren Sie Ihre Lösungen in 3.**

# ÜBUNGSTEST 17

34 **1 Lesen Sie die Aufgabe. Hören Sie dann das Interview. Ordnen Sie die Aussagen nach der Reihenfolge im Text.**

- ◯ Der Bau von Geschäftshäusern hätte für die Anwohner negative Auswirkungen.
- ◯ Die Bürger bauen selbst Obst und Gemüse an.
- ◯ Viele Stadtbewohner hätten gerne einen eigenen Garten.
- ◯ Trotz anfänglicher Probleme läuft das Projekt jetzt ganz gut.
- ◯ Von Frühjahr bis Herbst ist der Gemeinschaftsgarten für alle offen.
- ◯ Der Biergarten war ein gern besuchter Treffpunkt.

34 **2 Lesen Sie die Aufgaben. Hören Sie dann das Interview noch einmal. Wählen Sie bei jeder Aufgabe die richtige Lösung.**

| | | | |
|---|---|---|---|
| 1. | Viele Städter haben einen eigenen Garten. | Richtig | Falsch |
| 2. | In den Städten hört man wenigstens die Vögel zwitschern. | Richtig | Falsch |
| 3. | Auf dem Brauereigelände wird auch eine Bank gebaut. | Richtig | Falsch |
| 4. | Den Biergarten gibt es leider nicht mehr. | Richtig | Falsch |
| 5. | Die Bebauungspläne der Stadt sind nicht mehr aktuell. | Richtig | Falsch |
| 6. | Die Bürger pflanzten selbst Bäume auf dem Grundstück. | Richtig | Falsch |
| 7. | Nicht alle Vereinsmitglieder kannten sich mit Gemüseanbau aus. | Richtig | Falsch |
| 8. | Die Arbeit im Gemüsegarten muss das ganze Jahr über gemacht werden. | Richtig | Falsch |
| 9. | Es gibt noch andere Gemüse- und Obstanbauprojekte in Stadtnähe. | Richtig | Falsch |

# 18 ÜBUNGSTEST

**1 Was ist ein Rollenspiel? Haben Sie schon einmal an einem Rollenspiel teilgenommen? Erzählen Sie.**

35 **2 Lesen Sie die Aufgaben. Hören Sie dann das Gespräch. Wählen Sie bei jeder Aufgabe: Wer sagt das?**

1. Rollenspiele kennen wohl viele noch aus der Schulzeit.

   (a) Moderator (b) Lara, Schülerin (c) Julius, Student

2. Bei „pen and paper role playing games“ notieren die Spieler zuerst den Handlungsrahmen.
   (a) Moderator (b) Lara, Schülerin (c) Julius, Student

3. Die Spieler einer Spielgruppe kennen sich schon oder finden sich manchmal im Internet.
   (a) Moderator (b) Lara, Schülerin (c) Julius, Student

4. Die Spieler lassen sich oft durch fertige Spiele inspirieren.
   (a) Moderator (b) Lara, Schülerin (c) Julius, Student

5. Welche Charaktereigenschaften seine Spielerfigur hat, bestimmt jeder selbst.
   (a) Moderator (b) Lara, Schülerin (c) Julius, Student

6. Während eines „pen and paper role playing games“ sitzt man an einem Tisch zusammen.
   (a) Moderator (b) Lara, Schülerin (c) Julius, Student

7. Spiele enden üblicherweise mit einem Gewinner.
   (a) Moderator (b) Lara, Schülerin (c) Julius, Student

8. Eine erfolgreiche Bewältigung der Spielaufgabe ist nicht wichtig.
   (a) Moderator (b) Lara, Schülerin (c) Julius, Student

9. Rollenspiele sind fantasiereich und aufregend.
   (a) Moderator (b) Lara, Schülerin (c) Julius, Student

35 **3 Hören Sie das Gespräch noch einmal und kontrollieren Sie Ihre Lösungen.**

# ÜBUNGSTEST 19

36 **1** **Lesen Sie die Aufgabe. Hören Sie dann die Meldung. Wählen Sie die richtige Lösung.**

An dem Fußballturnier sollen junge Profifußballer mit ihren Clubs teilnehmen.

| Richtig | Falsch |
|---|---|

36 **2** **Lesen Sie die Aufgaben. Hören Sie dann die Meldung noch einmal. Unterstreichen Sie die richtigen Wörter.**

1. Die Bewerbungen laufen noch zwei **Tage / Wochen / Monate**.
2. Das Finale wird in **Dortmund / Gelsenkirchen / Düsseldorf** stattfinden.
3. Im **Juni / April / März** werden die Teilnehmer ausgelost.
4. Die Gewinnermannschaft bekommt **einen Preis / zwei Preise / mehrere Preise**.

# 20 ÜBUNGSTEST

37 **1 Hören Sie und lesen Sie mit.**

Ist es so schwierig, sich an die genderneutrale Form Schauspieler*innen zu gewöhnen?

**Tipp**

**Genderneutrale oder auch gendergerechte Sprache ist in Deutschland inzwischen im öffentlichen Bereich üblich, sowohl in der Verwaltung, in Firmen als auch im Hochschulbereich. Damit soll die Gleichstellung der Geschlechter sprachlich zum Ausdruck gebracht werden. An der Stelle des Sternchens * wird eine kurze Pause eingelegt. Dadurch gibt es keine Verwechslung mit der rein femininen Form, was zu Missverständnissen führen kann. Achten Sie deshalb immer auf die kleine Pause vor *innen.**

38 **2 Hören Sie und kreuzen Sie an.**

| | feminin | genderneutral |
|---|---|---|
| 1. | | |
| 2. | | |
| 3. | | |
| 4. | | |
| 5. | | |
| 6. | | |
| 7. | | |

39 **3** **Lesen Sie die Aufgaben. Hören Sie dann den Kommentar. Wählen Sie bei jeder Aufgabe die richtige Lösung.**

1. Der „Tag der Vielfältigkeit“ ...
   - a) ist schon ein sehr alter Gedenktag.
   - b) erinnert an die Diskriminierung unterschiedlicher Menschen.
   - c) wird dieses Jahr zum ersten Mal begangen.
2. Der Kampf für Gleichberechtigung ...
   - a) ist inzwischen eine Selbstverständlichkeit geworden.
   - b) muss gesetzlich besser geregelt werden.
   - c) kann durch eine Quotenregelung erfolgreicher werden.
3. Was ist die „Charta der Vielfältigkeit“?
   - a) Eine Initiative der Bundesregierung.
   - b) Ein Projekt großer Firmen.
   - c) Ein Verein mit Vertretern aus Politik und Wirtschaft.
4. Wie wirkt sich Vielfältigkeit in der Arbeitswelt aus?
   - a) Die Mitarbeiter sind zufriedener und erzielen bessere Arbeitsleistungen.
   - b) Das Konzept ist nur in großen Firmen umsetzbar.
   - c) Vor allem Spitzenpositionen werden nach dem Vielfältigkeitsprinzip besetzt.
5. Gendersprache ...
   - a) ist im Alltag schon weit verbreitet.
   - b) bezieht sich eindeutiger auf alle Geschlechter.
   - c) wird im privaten Umfeld getestet.
6. Transgenderpersonen ...
   - a) können seit 1989 ihren Namen ändern.
   - b) werden inzwischen von der Gesellschaft akzeptiert.
   - c) bekommen mit 30 Jahren neue offizielle Dokumente.

# 21 ÜBUNGSTEST

40 **1 Hören Sie das Interview. Um welches Thema geht es?**

______________________________

41 **2 Hören Sie Abschnitt 1 noch einmal. Wählen Sie bei jeder Aufgabe die richtige Lösung.**

1. Herr Krumbichler arbeitet im Jobcenter mit Migranten. **Richtig** **Falsch**

2. Herrn Krumbichlers Schüler ...

   a) müssen noch an Integrationskursen teilnehmen.

   b) sollen später in Deutschland eine Arbeit finden.

   c) können auf dem Markt an einem Stand arbeiten.

**Tipp**

**Synonyme sind für die Lösung von Aufgaben oft wichtig. Deshalb lernen Sie bei neuen Wörtern immer auch Ausdrücke mit ähnlicher oder gleicher Bedeutung. Dazu gibt es in den Übungstests 7 und 14 Übungen und Tipps.**

**Eine andere Schwierigkeit sind Wörter, die gleich aussehen, aber verschiedene Bedeutungen haben. Oft haben sie auch den gleichen Artikel, was dann besonders verwirrend ist. Man nennt diese Wörter auch Homonyme.**

**Beispiel: die Bank**

**Bedeutung 1: das Geldinstitut** **Bedeutung 2: eine Sitzmöglichkeit (meistens im Park)**

**3** **Ordnen Sie jedem Wort zwei Bilder zu, die seine Bedeutungen wiedergeben.**

1. der Kater ◯ ◯
2. die Lehre ◯ ◯
3. die Mutter ◯ ◯
4. die Börse ◯ ◯
5. der Flügel ◯ ◯
6. die Erde ◯ ◯
7. das Schloss ◯ ◯

a

b

c

d

e

f

g

h

i

j

k

l

m

n

**Tipp**

**Aber Vorsicht: Manchmal haben Homonyme unterschiedliche Artikel. Auch dann haben sie verschiedene Bedeutungen.**

**der Band**  **, das Band**  **, die Band** 

**Stehen Homonyme allein, kann man ihre Bedeutung nicht verstehen. Das geht erst im Textzusammenhang.**

42 **4 Hören Sie den Textabschnitt und lesen Sie mit.**

Ich arbeite bei einer privaten Organisation. Im Auftrag des Jobcenters bilden wir Menschen aus, die aus dem Ausland kommen und in unsere Gesellschaft integriert werden sollen. Diese Menschen haben schon Integrationskurse absolviert, sind aber noch nicht auf dem erwünschten Stand für den hiesigen Arbeitsmarkt. In unseren Berufsvorbereitungskursen werden sie so ausgebildet, dass sie als ausgebildete Fachkräfte eine Chance auf dem deutschen Arbeitsmarkt haben.

**5 Unterstreichen Sie das Homonym „Stand" in 4 und in dem Satz aus 2. Welche Bedeutung hat das Wort im Text und welche in der Aufgabe? Ergänzen Sie.**

Herrn Krumbichlers Schüler können auf dem Markt an einem Stand arbeiten.

Bedeutung im Text: ______________________________

Bedeutung in der Aufgabe: ______________________________

**6 Kontrollieren Sie Ihre Lösung in 2.**

43 **7 Lesen Sie die Aufgaben. Hören Sie dann Abschnitt 2. Wählen Sie bei jeder Aufgabe die richtige Lösung.**

1. Die Schüler können schon sehr gut Deutsch. — Richtig / Falsch
2. Privatgespräche auf Deutsch werden in den Unterricht integriert. — Richtig / Falsch
3. Es werden berufsbezogene Fachausdrücke gelernt. — Richtig / Falsch
4. Alle sollen später als Handwerker arbeiten. — Richtig / Falsch

44 **8 Lesen Sie die Themen. Hören Sie dann Abschnitt 3. Ordnen Sie die Themen nach der Reihenfolge im Text.**

- ◯ Beidseitige Annäherung ist wichtig
- ◯ Integration ist eine schwierige Angelegenheit bei mangelnden Sprachkenntnissen
- ◯ Diskrepanz zwischen Theorie und Wirklichkeit
- ◯ Unterschiedliche Lebensgewohnheiten erschweren die gesellschaftliche Eingliederung
- ◯ Herkunft der Kursteilnehmer

# ÜBUNGSTEST 22

45 **1** **Hören Sie das Gespräch. Was erfahren Sie über Jonathan Schnee? Machen Sie Notizen.**

45 **2** **Lesen Sie die Themen-Fragen. Hören Sie dann das Gespräch noch einmal. Ordnen Sie die Themen nach der Reihenfolge im Text.**

◯ Wie entsteht ein Prototyp?

◯ Warum ist die Modellentwicklung so teuer?

◯ Welche Ausbildung hat Jonathan Schnee?

◯ Wie machen die Autohersteller trotz hoher Entwicklungskosten Gewinne?

◯ Warum wurde Jonathan Schnee ins Studio eingeladen?

◯ Was macht man mit dem fertigen Prototyp?

**3** **Schreiben Sie die Fragen aus 2 in der gefundenen Reihenfolge über die Aufgaben in 4.**

45 **4** **Hören Sie das Gespräch noch einmal. Wählen Sie bei jeder Aufgabe die richtige Lösung.**

1. Warum ______________________________

   (a) Weil er ein Experte im Autobau ist.

   (b) Weil er ein sehr guter Freund des Moderators ist.

   (c) Weil er es versprochen hatte.

2. ______________________________

a) Er lernte Modellautobau.

b) Er lernte bei Mercedes Konstruktionstechnik.

c) Er absolvierte ein Ingenieurstudium.

3. ______________________________

a) Man hat zu Beginn einen genauen Bauplan.

b) In Zusammenarbeit von mehreren Teilbereichen.

c) In der Fachabteilung Karosseriebau.

4. ______________________________

a) Man bezahlt viel Geld, um ihn zu verschrotten.

b) Man prüft ihn auf vielen Testfahrten.

c) Er wird mindestens zwei Jahre lang erprobt.

5. ______________________________

a) Weil die Kosten aus vielen Bereichen berücksichtigt werden.

b) Weil die Gehaltskosten der Testingenieure so hoch sind.

c) Weil der Automobilmarkt viele Modelle verkaufen will.

6. ______________________________

a) Sie können Prototypen billig in Mexiko produzieren.

b) Sie entwickeln nur alle vier Jahre teure Automodelle.

c) Sie berechnen vorher die Verkaufszahlen für neue Modelle.

# ÜBUNGSTEST 23

1 **Welche Wörter passen zum Foto? Unterstreichen Sie.**

rennen • planschen • Meer • Herrchen • Planschbecken • wasserscheu • Vierbeiner • Wettschwimmen • Tierheim • Zweibeiner • Freude • Frauchen

46 2 **Lesen Sie die Aufgabe. Hören Sie dann die Radiomeldung. Wählen Sie die richtige Lösung.**

Ein Schwimmbad macht Hundebesitzern ein besonderes Angebot. **Richtig** **Falsch**

46 3 **Lesen Sie die Aufgaben. Hören Sie dann die Radiomeldung noch einmal. Wählen Sie bei jeder Aufgabe die richtige Lösung.**

1. Im Schwimmbad ...

   a) endet die Freibadsaison am 22.9.

   b) lernen wasserscheue Hunde schwimmen.

   c) gibt es ein Hundewettschwimmen.

2. Das Tierheim bekommt ...

   a) jedes Jahr einen Scheck über 800 Euro.

   b) ein neues Planschbecken für die Tiere.

   c) die gesammelten Eintrittsgelder der Aktion.

# 24 ÜBUNGSTEST

47 **1** **Lesen Sie die Aufgaben zu Abschnitt 1. Hören Sie dann Abschnitt 1 des Gesprächs. Wählen Sie bei jeder Aufgabe: Wer sagt das?**

1. Das Thema „Schule“ ist für junge Menschen von großem Interesse.

(a) Moderator
(b) Jana Franzen, Studentin
(c) Sven Plogen, Student

2. Die deutschen Schüler haben keinen hohen Wissensstand.

(a) Moderator
(b) Jana Franzen, Studentin
(c) Sven Plogen, Student

**2** **Vergleichen Sie Ihre Lösungen aus 1 im Kurs und begründen Sie Ihre Auswahl.**

**Tipp**

***Moderator: Glauben Sie, dass der Wissensstand der deutschen Schüler zu niedrig ist?***

**Der Moderator formuliert eine Frage. Er macht damit also keine Aussage zum Thema, drückt nicht seine Meinung aus. Deshalb kann ihm nicht die Aufgabe: *Die deutschen Schüler haben keinen hohen Wissensstand.* zugeordnet werden. Die Aufgabe wird dem Sprecher zugeordnet, der Stellung zu der Frage bezieht.**

**Es ist immer sehr wichtig, dass Sie auf die Satzmelodie achten. So können Sie herausfinden, ob jemand nur fragt oder ob er eine Aussage macht.**

47 **3** **Hören Sie Abschnitt 1 noch einmal. Achten Sie darauf, wer hier wirklich die Aussage über den Leistungsstand der deutschen Schüler macht.**

48 **4** **Lesen Sie die Aufgaben zu Abschnitt 2. Hören Sie dann Abschnitt 2. Wählen Sie bei jeder Aufgabe: Wer sagt das?**

1. Deutsche Schüler haben laut PISA-Studie nicht so ein hohes Interesse an Leistung.
   a) Moderator b) Jana Franzen, Studentin c) Sven Plogen, Student

2. Ein Auslandssemester musste durch Zusatzkurse vorbereitet werden.
   a) Moderator b) Jana Franzen, Studentin c) Sven Plogen, Student

3. Besonders Mathematik ist bei deutschen Schülern ein Problem.
   a) Moderator b) Jana Franzen, Studentin c) Sven Plogen, Student

4. Lehrer helfen den Schülern nicht unbedingt durch Kontrolle und Druck.
   a) Moderator b) Jana Franzen, Studentin c) Sven Plogen, Student

5. Fremdsprachenkenntnisse sind im Berufsleben relevant.
   a) Moderator b) Jana Franzen, Studentin c) Sven Plogen, Student

# 25 ÜBUNGSTEST

## 1 Lesen Sie die Aussage. Überlegen Sie: Um welches Thema geht es im folgenden Text?

„Erst wenn der letzte Baum gerodet, der letzte Fluss vergiftet,
der letzte Fisch gefangen ist, werdet ihr merken,
dass man Geld nicht essen kann."

(Indianerweisheit)

## 2 Ordnen Sie den Ausdrücken die passende Definition zu.

1. der Wissenschaftler ◯
2. die Wirtschaft ◯
3. das Wachstum ◯
4. die Nachhaltigkeit ◯
5. begrenzen ◯
6. die Entwicklung ◯
7. die Produktpalette ◯
8. umweltschädlich ◯
9. der Zusammenschluss ◯

a) Zunahme; etwas wird größer, z.B. in der Biologie das Größerwerden von Menschen, Tieren und Pflanzen; bezieht sich auch auf andere Bereiche wie Produktion, Firmen, Konsum

b) Veränderung, z.B. verändert sich ein Baby zu einem Kind und dann zu einem Erwachsenen. Die Wirtschaft entwickelt sich positiv, verändert sich positiv.

c) Verbindung, z.B. verschiedene Gruppen, Vereine oder Menschen vereinen sich, da sie ähnliche Ziele verfolgen.

d) Person, die studiert hat und in ihrem Fachbereich forscht, z.B. neue Theorien aufstellt, neue Entdeckungen macht, neue Wege zu einer Problemlösung sucht.

e) unterschiedliche Waren, die man kaufen kann; das Warenangebot, das einem zur Verfügung steht, aus dem man auswählen kann

f) limitieren; sich entscheiden, weniger zu machen, als man könnte, z.B. beim Autofahren nur eine bestimmte Geschwindigkeit zu fahren

g) Natürliche Lebensräume von Tieren und Pflanzen werden von Menschen beschädigt oder zerstört.

h) Ökonomie; dazu gehören Firmen, Betriebe, Unternehmen, Fabriken, Menschen, Maschinen, Geld, Banken, Einkauf und Verkauf und Produktion

i) Lebensweise, die das Überleben von zukünftigen Generationen berücksichtigt, z.B. verantwortungsbewusst mit den Rohstoffen umzugehen

49 **3 Lesen Sie die Aussagen. Hören Sie dann den Vortrag. Welche Aussagen werden im Text gemacht? Drei Aussagen bleiben übrig.**

**Tipp**

**Entscheiden Sie bitte nicht nach Ihrem eigenen Weltwissen. Konzentrieren Sie sich nur auf die Aussagen, die im Text genannt werden.**

◯ 1. Wirtschaftler und Wissenschaftler diskutieren über die Ursachen des Klimawandels.
◯ 2. Das Leben von zukünftigen Generationen wird durch unsere Entscheidungen mitbestimmt.
◯ 3. Die Wirtschaftsproduktion soll nicht unbegrenzt wachsen.
◯ 4. Die Forderung zur Nachhaltigkeit von Produkten wird schon seit längerer Zeit gestellt.
◯ 5. Jeder soll umweltfreundliche Produkte kaufen.
◯ 6. Die Zukunftsperspektiven sind bei unverändertem Wirtschaftswachstum erschreckend.
◯ 7. Die Menschen dürfen keinen umweltschädlichen Müll wegwerfen.

50 **4 Lesen Sie die Aufgabe. Hören Sie dann Abschnitt 1 noch einmal. Wählen Sie die richtige Lösung.**

Die zukünftige Entwicklung der Menschheit ...

(a) wird erst seit kurzer Zeit von Wissenschaftlern diskutiert.
(b) ist schon seit Jahrzehnten ein Diskussionsthema unter Wissenschaftlern.

51 **5 Lesen Sie die Aufgabe. Hören Sie dann Abschnitt 2 noch einmal. Wählen Sie die richtige Lösung.**

Das Wirtschaftswachstum ...

(a) soll in der Zukunft mindestens 1 Prozent jährlich betragen.
(b) bestimmt die Überlebenschancen der Menschheit mit.

52 **6 Lesen Sie die Aufgabe. Hören Sie dann Abschnitt 3 noch einmal. Wählen Sie die richtige Lösung.**

Die Herstellung von klimafreundlichen Produkten soll ...

(a) für Firmen verpflichtend sein.
(b) mit viel Geld gefördert werden.

49 **7 Hören Sie den ganzen Text noch einmal ganz und kontrollieren Sie Ihre Lösungen in 4 – 6.**

# 26 ÜBUNGSTEST

53 **1 Lesen Sie die Aufgaben. Hören Sie dann das Gespräch. Wählen Sie bei jeder Aufgabe: Wer sagt das?**

1. Die Sendung beschäftigt sich mit dem Tourismus.

- a) Moderatorin
- b) Herr Leyen, Weltenbummler
- c) Frau Sonter, Klimaaktivistin

2. Reisen hat für ihn/sie eine große Bedeutung.

- a) Moderatorin
- b) Herr Leyen, Weltenbummler
- c) Frau Sonter, Klimaaktivistin

3. Menschen in verschiedenen Regionen haben oft Ähnlichkeiten.

- a) Moderatorin
- b) Herr Leyen, Weltenbummler
- c) Frau Sonter, Klimaaktivistin

4. Reisen wird von vielen negativ beurteilt.

- a) Moderatorin
- b) Herr Leyen, Weltenbummler
- c) Frau Sonter, Klimaaktivistin

5. Umweltfragen spielen bei der Verkehrsmittelwahl eine wichtige Rolle.

- a) Moderatorin
- b) Herr Leyen, Weltenbummler
- c) Frau Sonter, Klimaaktivistin

6. Tourismus kann negative Auswirkungen auf die Bevölkerung haben.

- a) Moderatorin
- b) Herr Leyen, Weltenbummler
- c) Frau Sonter, Klimaaktivistin

7. Reisen sollte der Umwelt zuliebe nicht so günstig angeboten werden.

- a) Moderatorin
- b) Herr Leyen, Weltenbummler
- c) Frau Sonter, Klimaaktivistin

# ÜBUNGSTEST 27

54 **1 Hören Sie das Gespräch. Welche der folgenden Themen werden angesprochen und in welcher Reihenfolge? Nummerieren Sie. Zwei Themen bleiben übrig.**

- ◯ Überzeugungsarbeit
- ◯ Alter der Patienten
- ◯ Stationsessen
- ◯ Zusammenarbeit
- ◯ Beruf und Spezialgebiet der Gesprächspartnerin
- ◯ Verwandte und Freunde
- ◯ Pflege bei Alzheimer
- ◯ Letzter Lebensabschnitt
- ◯ Alterskrankheiten

55 **2 Lesen Sie die Aufgabe. Hören Sie dann Abschnitt 1 noch einmal. Wählen Sie die richtige Lösung.**

Auf der geriatrischen Station werden ... behandelt.

- (a) alle unheilbar Kranken
- (b) alle über 60-Jährigen
- (c) Alterskrankheiten

56 **3 Lesen Sie die Aufgaben. Hören Sie dann Abschnitt 2 noch einmal. Wählen Sie bei jeder Aufgabe die richtige Lösung.**

| | | | |
|---|---|---|---|
| 1. | Viele alte Menschen haben keine Angehörigen. | Richtig | Falsch |
| 2. | Man hat nicht viel übrig für alte Menschen. | Richtig | Falsch |
| 3. | Kaum jemand besucht die Patienten. | Richtig | Falsch |
| 4. | Die Patienten werden dauerhaft gepflegt. | Richtig | Falsch |
| 5. | Die Ärzte informieren die Patienten über ihre Krankheiten. | Richtig | Falsch |

57 **4 Lesen Sie die Aufgaben. Hören Sie dann Abschnitt 3 noch einmal. Unterstreichen Sie in den Sätzen die passenden Wörter.**

1. Die Patienten entscheiden **manchmal / in der Regel** selbst über ihre Einweisung ins Altersheim.
2. Viele Patienten sind dann **depressiv / aggressiv**.
3. Ärzte und Pflegepersonal arbeiten **im Team / jeder für sich** an einer Lösung.

# 28 ÜBUNGSTEST

1 **Wer ist das? Was fällt Ihnen zu dem Bild ein? Machen Sie Notizen. Dann erzählen Sie.**

58 2 **Lesen Sie die Aufgaben. Hören Sie dann die Begrüßung. Wählen Sie bei jeder Aufgabe die richtige Lösung.**

1. Die James-Bond-Reihe wird vollständig an diesem Tag gezeigt. — Richtig / Falsch
2. Es gibt viele Gründe für die Faszination der Bond-Filme. — Richtig / Falsch

58 3 **Lesen Sie die Aufgaben. Hören Sie dann die Begrüßung noch einmal. Wählen Sie bei jeder Aufgabe die richtige Lösung.**

1. Das Publikum kann in den Pausen ...
   a) ein bisschen schlafen.
   b) etwas essen und trinken.
   c) über das Datum der nächsten Bond-Nacht abstimmen.
2. Der Filmpalast ...
   a) zeigt schon seit 60 Jahren Bond-Filme.
   b) wird auch von Schauspielern gern besucht.
   c) hat alle Karten für diese Filmnacht verkaufen können.

3. Die Hauptrolle ...

   a wurde von verschiedenen Schauspielern gespielt.

   b wird von Frauen und Männern gespielt werden.

   c ist eine Ehrenaufgabe für die Schauspieler.

4. Welche Eigenschaft haben die Bond-Girls?

   a Sie sind stets liebenswert.

   b Sie sind manchmal boshaft.

   c Sie sind immer anziehend.

5. Die Filmmusik ...

   a wird von berühmten Musikern geschrieben.

   b ist oft schwierig mitzusingen.

   c ist ein Geschenk von Musikern.

6. Durch die Filme können die Zuschauer ...

   a auf ein Leben in Reichtum hoffen.

   b eine für sie unerreichbare Welt miterleben.

   c bei Glücksspielen entspannen.

58 **4 Hören Sie die Begrüßung noch einmal und kontrollieren Sie Ihre Lösungen in 2 und 3.**

# MODELLTEST 1

# 1 MODELLTEST Teil 1

59 **Sie hören fünf Gespräche und Äußerungen.**
**Sie hören jeden Text einmal. Zu jedem Text lösen Sie zwei Aufgaben. Wählen Sie bei jeder Aufgabe die richtige Lösung. Lesen Sie jetzt das Beispiel. Dazu haben Sie 15 Sekunden Zeit.**

**Beispiel**

01 Eine Gesangsveranstaltung für ältere Menschen wird geplant. — ☒ Richtig / Falsch

02 Im Seniorenheim soll …
a) mit den Senioren gesungen werden.
b) Besuch Senioren nachmittags erfreuen.
☒ c) ein Chor Lieder vortragen.

1 Die Frau möchte sich für einen Kurs einschreiben. — Richtig / Falsch

2 Die Yogastunden laufen … ab.
a) auf jedem Niveau unterschiedlich
b) auf allen Niveaustufen ähnlich
c) auf allen Niveaustufen immer gleich

3 Der Sprecher gibt Einkaufsratschläge. — Richtig / Falsch

4 Saisonal einzukaufen …
a) ist für manche nicht einfach.
b) geht nur mit Hilfe.
c) geht nur in einigen Monaten.

5 Frau Widdrich ist unauffindbar. — Richtig / Falsch

6 Frau Widdrich …
a) möchte sofort mit Fremden sprechen.
b) verhält sich ängstlich bei Unbekannten.
c) hat Vertrauen zu Unbekannten.

7 Der Mann sucht eine Apotheke in der Nähe. — Richtig / Falsch

8 Der Mann soll …
a) die nächste Straße nach rechts gehen.
b) zum Breslauer Platz fahren.
c) einige Stationen mit dem Bus fahren.

9 Auf dem Grillfest besprechen die Eltern den Schulbeginn. — Richtig / Falsch

10 Zum Grillfest …
a) sind Eltern und Schüler eingeladen.
b) sollen die Eltern zusammen fahren.
c) dürfen keine problematischen Schüler kommen.

60 **Sie hören im Radio ein Interview mit einer Persönlichkeit aus der Wissenschaft. Sie hören den Text zweimal. Wählen Sie bei jeder Aufgabe die richtige Lösung. Lesen Sie jetzt die Aufgaben 11 bis 16. Dazu haben Sie 90 Sekunden Zeit.**

11 Was bedeutet Inklusion in der Schule?

a) Alle Schüler machen einen guten Abschluss.
b) Behinderte und nichtbehinderte Schüler werden zusammen unterrichtet.
c) Schüler werden ausgesondert und gehen in besondere Schulen.

12 Wie funktioniert Inklusion im Schulalltag?

a) Die Lehrer versuchen zusammen die beste Lösung für die Schüler zu finden.
b) Die Schüler sitzen mit den Lehrern immer zusammen als Team im Unterricht.
c) Die Lehrer und Schüler müssen sich oft bewegen und mobil sein.

13 Wann sollte mit Inklusion angefangen werden?

a) Wenn die Kinder sich gut fühlen.
b) Wenn Behinderung nicht mehr merkwürdig ist.
c) Wenn die Kinder noch sehr klein sind.

14 Welche Vorteile kann Inklusion haben?

a) Es gibt durch die Inklusion kein Mobbing mehr.
b) Es wird nicht mehr so viel Theorie mit Büchern gelehrt.
c) Behinderung wird als etwas Alltägliches erlebt.

Die Geste bedeutet „Inklusion“.

15 Welche Nachteile sieht Frau Marsen bei der Inklusion?

a) Die Schüler werden durch Inklusion stigmatisiert.
b) Einige Förderschüler fühlen sich nicht wohl in einer Regelschulklasse.
c) Es wird noch zu wenig für die Inklusion getan.

16 Was kann mit Inklusion erreicht werden?

a) Schon Kinder erfahren, dass alle Menschen den gleichen Wert haben.
b) Menschen dürfen nur dann ausgeschlossen werden, wenn sie anders sind.
c) Behinderte müssen sich konsequenter durchsetzen.

# 1 MODELLTEST Teil 3

61 **Sie hören im Radio ein Gespräch mit mehreren Personen. Die Personen sprechen über Bilingualismus.**
**Sie hören den Text** einmal. **Wählen Sie bei jeder Aufgabe: Wer sagt das?**
**Lesen Sie jetzt die Aufgaben 17 bis 22. Dazu haben Sie 60 Sekunden Zeit.**

**Beispiel**

**0** Bilingualismus ist inzwischen ein aktuelles Thema.

(a) ☒ Moderatorin    (b) Frau Luan    (c) Herr Bonhoff

**17** Die Kinder sollen die Traditionen und Gebräuche von zwei Ländern mitbekommen.

(a) Moderatorin    (b) Frau Luan    (c) Herr Bonhoff

**18** Die Kinder erleben im Alltag eine Vielseitigkeit der Kulturen.

(a) Moderatorin    (b) Frau Luan    (c) Herr Bonhoff

**19** Die Eltern sprechen mit den Kindern nur in der jeweiligen Muttersprache.

(a) Moderatorin    (b) Frau Luan    (c) Herr Bonhoff

**20** Es kann Freunde verunsichern, wenn sie nichts verstehen.

(a) Moderatorin    (b) Frau Luan    (c) Herr Bonhoff

**21** Das Leben in verschiedenen Kulturen kann für Kinder problematisch sein.

(a) Moderatorin    (b) Frau Luan    (c) Herr Bonhoff

**22** Vielseitigkeit von Sprachen und Kulturen ist ein Gesellschaftsaspekt der Zukunft.

(a) Moderatorin    (b) Frau Luan    (c) Herr Bonhoff

62 **Sie hören einen kurzen Vortrag. Der Redner spricht über „Die Folgen der Globalisierung“. Sie hören den Text zweimal. Wählen Sie bei jeder Aufgabe die richtige Lösung. Lesen Sie jetzt die Aufgaben 23 bis 30. Dazu haben Sie 90 Sekunden Zeit.**

**23** Bei der Globalisierung ...

- (a) sammelt eine kleine Firma große Firmen.
- (b) kaufen große Firmen kleine Firmen.
- (c) verkaufen große Firmen kleine Firmen.

**24** Die Banken ...

- (a) müssen immer stärker rationalisieren.
- (b) werden in Billiglohnländer ausgelagert.
- (c) leihen den Firmen Geld.

**25** Die Arbeitnehmer müssen ...

- (a) oft länger in einer anderen Stadt arbeiten.
- (b) konzentrierter arbeiten.
- (c) viele Produkte selber verteilen.

**26** Die Arbeitsplätze ...

- (a) belasten die Familien sehr stark.
- (b) sind sicherer als früher.
- (c) sind oft gefährdet.

**27** Bei der Firma X ...

- (a) werden Arbeiter ins Ausland geschickt.
- (b) verlieren viele Arbeiter ihren Arbeitsplatz.
- (c) werden Techniker gesucht.

**28** In der Produktion werden neue Mitarbeiter ... eingestellt.

- (a) oft für kurze Zeit
- (b) für die Automatenbedienung
- (c) nicht mehr

**29** Die Furcht vor Arbeitsplatzverlust führt zu ...

- (a) vielen Krankmeldungen.
- (b) physischen und psychischen Störungen.
- (c) seltenen Magenerkrankungen.

**30** Bei dem morgigen Vortrag geht es um die Folgen für ...

- (a) die Dritte Welt.
- (b) Europa.
- (c) die allgemeine Arbeitssituation.

# MODELLTEST 2

# 2 MODELLTEST Teil 1

63 **Sie hören fünf Gespräche und Äußerungen.**
**Sie hören jeden Text einmal. Zu jedem Text lösen Sie zwei Aufgaben. Wählen Sie bei jeder Aufgabe die richtige Lösung. Lesen Sie jetzt das Beispiel. Dazu haben Sie 15 Sekunden Zeit.**

**Beispiel**

01 Der Hinweis ist ausschließlich für Sportler wichtig. — Richtig / ~~Falsch~~ (X)

02 Der Marathonlauf ...
- a endet wie jedes Jahr am Hauptbahnhof.
- b findet ausschließlich im Stadtzentrum statt.
- ~~c~~ (X) beeinträchtigt den öffentlichen Nahverkehr.

1 Die Frau fragt nach Kursen der VHS. — Richtig / Falsch

2 Das Programmheft kann man ...
- a portofrei zu Hause empfangen.
- b an vielen Stellen unentgeltlich bekommen.
- c erst in einer Woche abholen.

3 Die Firma braucht zurzeit keine Praktikanten. — Richtig / Falsch

4 Die junge Frau muss ...
- a vor der Ausbildung erst noch das Abitur machen.
- b für einen Ausbildungsvertrag den Ansprüchen genügen.
- c noch drei Jahre auf einen Ausbildungsplatz warten.

5 Zimmer in Wohnheimen sind gefragt. — Richtig / Falsch

6 In Studierendenwohnheimen gibt es ... zu mieten.
- a unterschiedliche Wohnräume
- b unerschwingliche Wohnungen
- c für fast alle Studierenden Zimmer

7 Die Stadt organisiert eine Tanzveranstaltung für Kinder im Stadtpark. — Richtig / Falsch

8 Wer darf bei der Veranstaltung auftreten?
- a Alle Jugendlichen bis 14 Jahre.
- b Die, die sich rechtzeitig anmelden.
- c Alle, die fleißig geübt haben.

9 Auf dem Basar wird Geld für wohltätige Zwecke gesammelt. — Richtig / Falsch

10 Bei den Alexianern ...
- a kann man Bastelmaterial kaufen.
- b gibt es heute zwei Verkaufsstände.
- c wird psychisch Kranken geholfen.

64 **Sie hören im Radio ein Interview mit einer Persönlichkeit aus der Welt der Kunst. Sie hören den Text zweimal. Wählen Sie bei jeder Aufgabe die richtige Lösung. Lesen Sie jetzt die Aufgaben 11 bis 16. Dazu haben Sie 90 Sekunden Zeit.**

**11** Welcher Wunsch ist für Fritz Kissels Wirklichkeit geworden?

- a) Ein Buch über Wünsche.
- b) Ein Buch zum Thema Fotografieren.
- c) Ein Buch mit Fotografien zu veröffentlichen.

**12** Wann hat Herr Kissels die Fotografie für sich entdeckt?

- a) Als er 40 Jahre alt war.
- b) Als Gymnasiast im Kunstunterricht.
- c) Als er in Essen studierte.

**13** Was versteht man unter Fotosequenzen?

- a) Man erzählt mit Fotos eine Geschichte.
- b) Man macht viele Familien- und Urlaubsfotos.
- c) Man dreht in Ruhe einen Film aus Bildern.

**14** In seinem Projekt wollte Fritz Kissels ...

- a) Kölner mit ihren Lieblingsgegenständen porträtieren.
- b) Menschen mit Gegenständen in Zusammenhang bringen.
- c) Objekte seiner Heimatstadt Köln fotografieren.

**15** Wie wurde die Idee praktisch umgesetzt?

- a) Fritz Kissels gab genaue Anweisungen beim Fotoshooting.
- b) Die abgebildeten Personen bestimmten selbst den Ort.
- c) Die bekannten Personen wurden ausgiebig befragt.

**16** Warum hat das Buch auch einen geschichtlichen Wert?

- a) Die fotografierten Personen gehen in die Stadthistorie ein.
- b) Es werden einige traurige Geschichten gezeigt.
- c) Einige der fotografierten Personen leben nicht mehr.

# 2 MODELLTEST Teil 3

65 **Sie hören im Radio ein Gespräch mit mehreren Personen. Die Personen sprechen über die Ernährung.**
**Sie hören den Text einmal. Wählen Sie bei jeder Aufgabe: Wer sagt das?**
**Lesen Sie jetzt die Aufgaben 17 bis 22. Dazu haben Sie 60 Sekunden Zeit.**

**Beispiel**

**0** Die Ernährung spielt eine bedeutsame Rolle für ein gesundes Leben.

~~a~~ Moderatorin b Herr Sondmann, Veganer c Frau Freusberg, Allesesserin

**17** Vegan leben ist mehr als der Verzicht auf Fleisch und Fisch.

a Moderatorin b Herr Sondmann, Veganer c Frau Freusberg, Allesesserin

**18** Die Mehrheit der Menschen isst alle angebotenen Lebensmittel.

a Moderatorin b Herr Sondmann, Veganer c Frau Freusberg, Allesesserin

**19** Das Schlachten von Tieren empfinden viele als unmoralisch.

a Moderatorin b Herr Sondmann, Veganer c Frau Freusberg, Allesesserin

**20** Für landwirtschaftliche Betriebe sind vor allem weibliche Tiere von Nutzen.

a Moderatorin b Herr Sondmann, Veganer c Frau Freusberg, Allesesserin

**21** Tiere ernähren sich nicht rein pflanzlich.

a Moderatorin b Herr Sondmann, Veganer c Frau Freusberg, Allesesserin

**22** Man muss kein Veganer sein, um sich gesund zu ernähren.

a Moderatorin b Herr Sondmann, Veganer c Frau Freusberg, Allesesserin

66 **Sie hören einen kurzen Vortrag. Die Rednerin spricht über das Thema „Organspende“. Sie hören den Text zweimal. Wählen Sie bei jeder Aufgabe die richtige Lösung. Lesen Sie jetzt die Aufgaben 23 bis 30. Dazu haben Sie 90 Sekunden Zeit.**

**23** Frau Dr. Ritter ...

- a) arbeitet im Patientenkolloquium.
- b) ist Mitglied des Transplantationsteams.
- c) ist bei Eurotrans beschäftigt.

**24** Viele Menschen sterben ...

- a) durch zu hohe Geschwindigkeiten.
- b) an heilbaren Krankheiten.
- c) mangels medizinischen Fortschritts.

**25** Spenderorgane ...

- a) sind leider nicht in ausreichender Anzahl verfügbar.
- b) ermöglichen immer eine Rettung des Patienten.
- c) gibt es ausreichend.

**26** Bei welchen Gruppen kann ein Organ versagen?

- a) Nur bei bestimmten Altersgruppen.
- b) Bei allen unabhängig vom Alter.
- c) Besonders bei Kindern und Jugendlichen.

**27** Gespendete Organe kommen ...

- a) immer von Verstorbenen.
- b) nur von Lebenden.
- c) vorwiegend von Verstorbenen.

**28** Die Warteliste für Nierentransplantationen ...

- a) wird jedes Jahr länger.
- b) verkürzt sich zum Glück jedes Jahr.
- c) bleibt seit Jahren ungefähr gleich lang.

**29** In den Transplantationszentren ...

- a) wird die Operationstechnik geübt.
- b) werden psychische Probleme behandelt.
- c) werden Patienten umfassend beraten.

**30** Transplantationen in Europa ...

- a) werden zentral in Holland durchgeführt.
- b) erfolgen nach festgelegten Wartezeiten.
- c) werden durch Eurotrans geregelt.

# MODELLTEST 3

# 3 MODELLTEST Teil 1

67 **Sie hören fünf Gespräche und Äußerungen.**
**Sie hören jeden Text einmal. Zu jedem Text lösen Sie zwei Aufgaben. Wählen Sie bei jeder Aufgabe die richtige Lösung. Lesen Sie jetzt das Beispiel. Dazu haben Sie 15 Sekunden Zeit.**

**Beispiel**

01 Die Frau möchte eine langfristige Beschäftigung. — Richtig / ~~Falsch~~ (X)

02 Das Studierendenwerk sucht …
- a) Mitarbeiter in unterschiedlichen Bereichen.
- b) zum 1.6. Mitarbeiter in einigen Fakultäten.
- ~~c~~ (X) eine Schwangerschaftsvertretung in der Hauptmensa.

1 Die Kunden können ab November jeden Abend länger einkaufen. — Richtig / Falsch

2 Wann können die Kunden besondere Angebote kaufen?
- a) Ab nächster Woche.
- b) Immer an Samstagabenden.
- c) Montags und donnerstags.

3 Bei Hofflohmärkten soll nicht nur verkauft werden. — Richtig / Falsch

4 Hofflohmärkte …
- a) gibt es in unterschiedlichen Stadtvierteln.
- b) dauern eine Woche lang.
- c) findet man besonders im Mai.

5 Es werden Menschen für unbezahlte Aufgaben gesucht. — Richtig / Falsch

6 Frauen und Männer sollen …
- a) mit ihrer Arbeit anderen Menschen helfen.
- b) interessante Kurse und Übungen leiten.
- c) gefährliche Orte überwachen.

7 Die Eigentümer machen Fehler bei der Abfallentsorgung. — Richtig / Falsch

8 Müll …
- a) darf nicht in die Biotonne geworfen werden.
- b) muss sorgfältig getrennt werden.
- c) soll nicht in Plastikbeutel gefüllt werden.

9 Die Anträge müssen schon vor Studienbeginn gestellt werden. — Richtig / Falsch

10 Studienförderung gibt es …
- a) nur für eine festgelegte Studiendauer.
- b) immer für ein paar Wochen ab Oktober.
- c) direkt nach Antragstellung.

68 **Sie hören im Radio ein Interview mit einer Persönlichkeit aus der Welt der Kunst. Sie hören den Text zweimal. Wählen Sie bei jeder Aufgabe die richtige Lösung. Lesen Sie jetzt die Aufgaben 11 bis 16. Dazu haben Sie 90 Sekunden Zeit.**

**11** Kunstgeschichte beschäftigt sich ...

(a) vorwiegend mit moderner Kunst.
(b) mit dem hochpolitischen Einfluss auf die Kunst.
(c) mit dem Zusammenhang von Geschichte und Kunst.

**12** Was ist Kunst?

(a) Das ist schwer zu definieren.
(b) Das ist schon längst ausdiskutiert.
(c) Nur, was man in Museen sieht.

**13** Ein Künstler ...

(a) muss Erfolg auf dem Kunstmarkt haben.
(b) muss immer teure Ausstellungen machen.
(c) orientiert sich auch am Kunstmarkt.

**14** Der Verkauf von Kunstwerken ...

(a) bestimmt immer, wer ein Künstler ist.
(b) sagt nichts über den künstlerischen Wert eines Kunstwerkes aus.
(c) ist wichtig für die Produktion von Kunstwerken.

**15** Die heutige Kunstszene ...

(a) findet man vor allem bei Instagram.
(b) beschäftigt sich auch mit der Entstehung von Kunstwerken.
(c) stellt das Kunstwerk ins Zentrum.

**16** Frau Ellwang ...

(a) ist künstlerisch nicht talentiert.
(b) produziert selbst gerne Kunst.
(c) hört viele Vorträge über Kunst.

# 3 MODELLTEST Teil 3

69 **Sie hören im Radio ein Gespräch mit mehreren Personen. Die Personen sprechen über Patchworkfamilien.**
**Sie hören den Text** einmal. **Wählen Sie bei jeder Aufgabe: Wer sagt das?**
**Lesen Sie jetzt die Aufgaben 17 bis 22. Dazu haben Sie 60 Sekunden Zeit.**

**Beispiel**

**0** Das Familienmodell „Patchworkfamilien" ist heutzutage sehr bekannt.

~~a~~ Moderator    b Herr Wohlfahrt    c Frau Frischleder

**17** Eine Patchworkfamilie ist eigentlich wie eine große Familie.

a Moderator    b Herr Wohlfahrt    c Frau Frischleder

**18** Er/Sie findet gemeinsames Feiern in der Familie toll.

a Moderator    b Herr Wohlfahrt    c Frau Frischleder

**19** Das Leben als Patchworkfamilie ist sicher konfliktreich.

a Moderator    b Herr Wohlfahrt    c Frau Frischleder

**20** Heiraten findet er/sie nicht notwendig.

a Moderator    b Herr Wohlfahrt    c Frau Frischleder

**21** Er/Sie glaubt, dass Eifersucht die Beziehungen belasten kann.

a Moderator    b Herr Wohlfahrt    c Frau Frischleder

**22** Er/Sie verzichtet auf eine gute Arbeitsstelle wegen der Familie.

a Moderator    b Herr Wohlfahrt    c Frau Frischleder

70 **Sie hören einen kurzen Vortrag. Der Redner spricht über das Thema „E-Nummern in Lebensmitteln". Sie hören den Text zweimal. Wählen Sie bei jeder Aufgabe die richtige Lösung. Lesen Sie jetzt die Aufgaben 23 bis 30. Dazu haben Sie 90 Sekunden Zeit.**

**23** E-Nummern ...

- a kennzeichnen Lebensmittel.
- b sind unabhängige Bezeichnungen.
- c sind europäische Kennzeichnungen.

**24** Zusatzstoffe in Lebensmitteln ...

- a haben wenig Wert für Verbraucher.
- b haben festgelegte Grenzwerte.
- c dürfen nur tagsüber konsumiert werden.

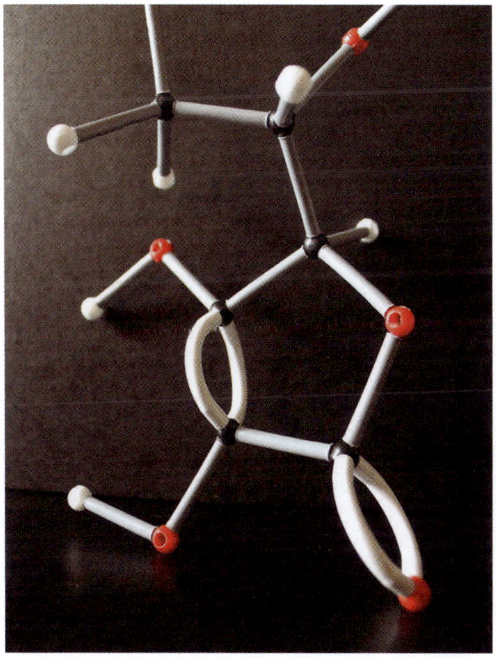

**25** Es gibt ...

- a Zusatzstoffe ohne E-Nummern.
- b eine festgelegte Anzahl von Zusatzstoffen.
- c nur ungefährliche Zusatzstoffe.

**26** Wo sind Zusatzstoffe zu finden?

- a In wenigen Produkten.
- b Vorwiegend in Fertiggerichten.
- c In alltäglich konsumierten Lebensmitteln.

**27** Man findet ...

- a ganz natürliche Zusatzstoffe.
- b Zusatzstoffe nur im Chemielabor.
- c oft natürliche und chemische Zusatzstoffe gemixt.

**28** Der Konsument ...

- a muss sich beim Einkauf besser orientieren.
- b weiß selten, welche Zusatzstoffe er isst.
- c kann die Zusatzstoffe auf den Produkten lesen.

**29** Zusatzstoffe haben ...

- a bestimmt negative Auswirkungen auf die Gesundheit.
- b vielleicht Einfluss auf unsere Gesundheit.
- c einen besonders guten Ruf.

**30** Pseudoallergien ...

- a kann man nicht leicht diagnostizieren.
- b betreffen meistens das Immunsystem.
- c werden ausschließlich durch Fertigprodukte ausgelöst.

# MODELLTEST 4

# 4 MODELLTEST Teil 1

71 **Sie hören fünf Gespräche und Äußerungen.
Sie hören jeden Text einmal. Zu jedem Text lösen Sie zwei Aufgaben. Wählen Sie bei jeder Aufgabe die richtige Lösung. Lesen Sie jetzt das Beispiel. Dazu haben Sie 15 Sekunden Zeit.**

**Beispiel**

01 Es werden Jobs für Studierende angeboten. — Richtig (X) / Falsch

02 Die Studierenden sollen ...
- a vorwiegend Hilfsarbeiten verrichten.
- b zu festgelegten Arbeitszeiten anwesend sein.
- c (X) schon Kenntnisse mit sozialen Netzwerken haben.

1 In der Werkstatt können die Teilnehmer eigene Ideen umsetzen. — Richtig / Falsch

2 Im Workshop ...
- a können auch Waren billiger gekauft werden.
- b beobachtet man die Natur im Spätherbst.
- c besucht man eine vorweihnachtliche Schmuckausstellung.

3 Die Frau will eine Reparaturversicherung abschließen. — Richtig / Falsch

4 Eine Zusatzversicherung ...
- a garantiert kostenfreie Reparaturen.
- b übernimmt die Lohnkosten.
- c schließt die Ersatzteile mit ein.

5 Der Rathausplatz soll neu bepflanzt werden. — Richtig / Falsch

6 Die Bürger sollen ...
- a viele bunte Farben mitbringen.
- b die ganze Stadt bunter machen.
- c beim Blumenpflanzen mithelfen.

7 Die Frau erkundigt sich nach einem besonderen Versicherungsschutz. — Richtig / Falsch

8 Eine Hundekrankenversicherung ...
- a kostet für jeden Hund gleich viel.
- b nimmt nur einige Rassen auf.
- c ist für einige Rassen billiger als für andere.

9 Nähere Angaben zur Aufnahmeprüfung kann man der Webseite entnehmen. — Richtig / Falsch

10 Wer Sport studieren will, muss ...
- a gut Fußball spielen können.
- b gute Schulnoten vorweisen.
- c sehr diszipliniert sein.

**72 Sie hören im Radio ein Interview mit einer Persönlichkeit aus der Wissenschaft. Sie hören den Text zweimal. Wählen Sie bei jeder Aufgabe die richtige Lösung. Lesen Sie jetzt die Aufgaben 11 bis 16. Dazu haben Sie 90 Sekunden Zeit.**

**11** Forschungsergebnisse aus der Biotechnologie ...

a) werden in Zukunftsromanen genau beschrieben.
b) sind für viele Menschen beängstigend.
c) werden schnell umgesetzt.

**12** Wie beurteilt Prof. Wippermann Experimente in der Biotechnologie?

a) Wichtig für die Forschung.
b) Meistens sehr erschreckend.
c) Manchmal grenzwertig.

**13** In der Lebensmittelproduktion sind Erkenntnisse aus der Biotechnologie ...

a) erst in neuerer Zeit verwertbar.
b) irgendwann in der Zukunft nützlich.
c) schon seit sehr langer Zeit hilfreich.

**14** Durch die Forschung heute ...

a) werden einzelne Organismen isoliert.
b) wird die Erbmasse verändert.
c) werden erwünschte Eigenschaften verändert.

**15** Welchen Einfluss hatte Mendel auf die Biotechnologie?

a) Er legte die Grundlagen der Gentechnik.
b) Er verknüpfte die Mathematik mit der Gentechnik.
c) Er schaffte die Regeln für die Laborarbeit.

**16** Professor Wippermann hat Bedenken, weil ...

a) man die Folgen von Genübertragungen nicht abschätzen kann.
b) in der Natur Artenschranken nie überschritten werden.
c) Menschen und Tiere ähnliche Erbmassen haben.

73 **Sie hören im Radio ein Gespräch mit mehreren Personen. Die Personen sprechen über die Berufswahl.**
**Sie hören den Text** einmal. **Wählen Sie bei jeder Aufgabe: Wer sagt das?**
**Lesen Sie jetzt die Aufgaben 17 bis 22. Dazu haben Sie 60 Sekunden Zeit.**

**Beispiel**

**0** Am Ende der Schulzeit steht eine wichtige Entscheidung an.

(a) [X] Moderator (b) Alexander, Student (c) Frederike, Auszubildende

**17** Die Dauer der Ausbildung ist bei der Berufswahl bedeutend.

(a) Moderator (b) Alexander, Student (c) Frederike, Auszubildende

**18** Die Zukunftsaussichten für den Beruf spielen eine Rolle.

(a) Moderator (b) Alexander, Student (c) Frederike, Auszubildende

**19** Was einen selbst interessiert, sollte mitentscheidend sein.

(a) Moderator (b) Alexander, Student (c) Frederike, Auszubildende

**20** Er/Sie wollte nicht studieren.

(a) Moderator (b) Alexander, Student (c) Frederike, Auszubildende

**21** Ein genaues Berufsbild ist hilfreich für einen schnellen Studienabschluss.

(a) Moderator (b) Alexander, Student (c) Frederike, Auszubildende

**22** Eine frühe Spezialisierung ist wichtig für gute Berufsaussichten.

(a) Moderator (b) Alexander, Student (c) Frederike, Auszubildende

74 **Sie hören einen kurzen Vortrag. Die Rednerin spricht über das Thema „Ehrenamtliche Arbeit". Sie hören den Text zweimal. Wählen Sie bei jeder Aufgabe die richtige Lösung. Lesen Sie jetzt die Aufgaben 23 bis 30. Dazu haben Sie 90 Sekunden Zeit.**

**23** Die Organisation Zonta ...

- (a) kümmert sich vorwiegend um Indianer.
- (b) hat Vertreter bei der UNO.
- (c) hat ca. 20 Clubs auf der Welt.

**24** Bei den Treffen von Zonta ...

- (a) gibt es Diskussionen über aktuelle Projekte.
- (b) bereitet man auch Frauenvorträge vor.
- (c) werden regelmäßige Projekte geplant.

**25** Alle zwei Jahre ...

- (a) versammeln sich die Gruppenvertreter in Japan.
- (b) entscheidet man sich für internationale Projekte.
- (c) vertreten die Gruppen Frauen aus Afrika.

**26** Die Gruppe in Hildesheim ...

- (a) organisiert eine gewaltige Veranstaltung an einem Tag.
- (b) kleidet sich am 4. November in Orange.
- (c) beschäftigt sich mit Gewalt gegen Frauen.

**27** Bekannt werden Zontas Aktionen durch ...

- (a) regelmäßige Fernsehsendungen.
- (b) ein bekanntes Lokal.
- (c) Presseberichte.

**28** Finanziert wird Zonta ...

- (a) auch durch Spendengelder.
- (b) durch teure Geschenke.
- (c) von Arbeitern in der Organisation.

**29** Wer kann Mitglied bei Zonta werden?

- (a) Jede Frau kann Mitglied werden.
- (b) Man muss aus der Elite stammen.
- (c) Eine Jury entscheidet darüber.

**30** Warum arbeitet Frau Jünger bei Zonta mit?

- (a) Sie arbeitet gerne in einem sozialen Beruf.
- (b) Sie kommt in Kontakt mit vielen Frauen.
- (c) Sie bekommt einen guten Lohn.

# MODELLTEST 5

# 5 MODELLTEST Teil 1

75 **Sie hören fünf Gespräche und Äußerungen.**
**Sie hören jeden Text einmal. Zu jedem Text lösen Sie zwei Aufgaben. Wählen Sie bei jeder Aufgabe die richtige Lösung. Lesen Sie jetzt das Beispiel. Dazu haben Sie 15 Sekunden Zeit.**

**Beispiel**

**01** Man kann viel über traditionelle Küche lernen. **Richtig** **Falsch** (X)

**02** In der Sendung von Frau Norden ...
- a) werden Vitaminpräparate vorgestellt.
- b) (X) wird vitaminschonend gekocht.
- c) werden neue Gemüsesorten vorgestellt.

**1** Im dualen Studium macht man vor dem Studium eine praktische Ausbildung. **Richtig** **Falsch**

**2** Ein duales Studium ...
- a) muss in Seminaren ausgearbeitet werden.
- b) findet vorwiegend in Unternehmen statt.
- c) bringt Vorteile für den späteren Beruf.

**3** Die Autofahrer sollen neue Reifen kaufen. **Richtig** **Falsch**

**4** Wann müssen Winterreifen montiert werden?
- a) Jedes Jahr im Herbst.
- b) Bevor man morgens losfährt.
- c) An einem gesetzlich festgesetzten Termin.

**5** Es gibt noch Karten für die Tanzveranstaltung im November. **Richtig** **Falsch**

**6** Der Ball in der Ringschule ...
- a) wird von mehreren Vereinen organisiert.
- b) ist ein großer Karnevalsball.
- c) ist besonders für Frauen interessant.

**7** Das Tutorenangebot richtet sich an alle Studierenden. **Richtig** **Falsch**

**8** Tutoren ...
- a) helfen Studierenden bei der Semesterorganisation.
- b) organisieren internationale Fotowettbewerbe für Studierende.
- c) übernehmen vielfältige Aufgaben bei der Studierendenbetreuung.

**9** Der Bankberater spricht mehrere Wege für eine Geldanlage an. **Richtig** **Falsch**

**10** Die Kundin sollte ...
- a) in Aktien investieren.
- b) sich beraten lassen.
- c) Immobilien kaufen.

76 **Sie hören im Radio ein Interview mit einer Persönlichkeit aus der Wissenschaft. Sie hören den Text zweimal. Wählen Sie bei jeder Aufgabe die richtige Lösung. Lesen Sie jetzt die Aufgaben 11 bis 16. Dazu haben Sie 90 Sekunden Zeit.**

11 Bei einer Mondfinsternis ...

- a) steht die Erde genau zwischen Sonne und Mond.
- b) reflektiert der Mond das Licht der Sonne.
- c) gibt es keine Mondstrahlung.

12 Eine totale Mondfinsternis ...

- a) sieht man regelmäßig jedes Jahr.
- b) ist ein eher selten zu beobachtendes Phänomen.
- c) ist eine mediale Sensation.

13 Welchen Einfluss hat der Mond auf Mensch und Umwelt?

- a) Schlafstörungen sind wissenschaftlich bewiesen.
- b) Die Anziehungskräfte des Mondes bestimmen das Leben der Menschen.
- c) Die Gezeiten Ebbe und Flut werden von der Mondanziehung verursacht.

14 Das Wachstum der Pflanzen ...

- a) wird durch den Stand der Planeten beeinflusst.
- b) ist auch von der Aussäzeit abhängig.
- c) ist eine Glaubensfrage und keine wissenschaftliche Frage.

15 Die Beobachtung der Sterne ...

- a) begann bei den alten Ägyptern.
- b) half schon früh den Menschen bei der Orientierung.
- c) war früher nur zu bestimmten Jahreszeiten möglich.

16 Sternbilder ...

- a) sieht man auf der Südhalbkugel anders herum.
- b) verwirren die Bewohner Australiens.
- c) sehen überall auf der Erde gleich aus.

# 5 MODELLTEST Teil 3

77 **Sie hören im Radio ein Gespräch mit mehreren Personen. Die Personen sprechen über Internetnutzung.**
**Sie hören den Text** einmal. **Wählen Sie bei jeder Aufgabe: Wer sagt das?**
**Lesen Sie jetzt die Aufgaben 17 bis 22. Dazu haben Sie 60 Sekunden Zeit.**

**Beispiel**

0 Internetnutzung ist heutzutage ein angesagtes Thema.

(a) ☒ Moderatorin   (b) Herr Brandt, Vater   (c) Frau Körner, Influencerin

17 Intensive Internetnutzung kann zu einem Rückzug aus dem wirklichen Leben führen.

(a) Moderatorin   (b) Herr Brandt, Vater   (c) Frau Körner, Influencerin

18 Soziale Medien sind für junge Leute ein Bereich des echten Lebens.

(a) Moderatorin   (b) Herr Brandt, Vater   (c) Frau Körner, Influencerin

19 Die Beschäftigung mit aktuellen Themen findet auch im Internet real statt.

(a) Moderatorin   (b) Herr Brandt, Vater   (c) Frau Körner, Influencerin

20 Freunde im Internet sind eigentlich keine Freunde.

(a) Moderatorin   (b) Herr Brandt, Vater   (c) Frau Körner, Influencerin

21 Internetkontakte erzeugen oft ein besonderes Gefühl von Zusammenhalt.

(a) Moderatorin   (b) Herr Brandt, Vater   (c) Frau Körner, Influencerin

22 Internetaktivitäten bewegen wirklich etwas.

(a) Moderatorin   (b) Herr Brandt, Vater   (c) Frau Körner, Influencerin

78 **Sie hören einen kurzen Vortrag. Der Redner spricht über das Thema „Heimat und Wirtschaft". Sie hören den Text zweimal. Wählen Sie bei jeder Aufgabe die richtige Lösung. Lesen Sie jetzt die Aufgaben 23 bis 30. Dazu haben Sie 90 Sekunden Zeit.**

**23** Der Vortrag thematisiert die wachsende Wirtschaftslage ...

(a) im Handwerk.
(b) im Tourismus.
(c) in der Landwirtschaft.

**24** Welches Ziel setzt sich die Tourismusbranche im Westallgäu?

(a) Viele Besucher aus aller Welt anzuziehen.
(b) Ortsansässige Branchen mit dem Tourismus zu verbinden.
(c) Internationale Veranstaltungen zu organisieren.

**25** Die Touristen im Westallgäu ...

(a) mögen den klassischen bayrischen Alltag.
(b) sind vorwiegend ruhige und erholte Gäste.
(c) mögen den dortigen Massentourismus.

**26** Die Region bietet ...

(a) Unterkünfte mit individuellen Besonderheiten.
(b) arbeitsintensive Aufenthalte.
(c) fast nur Gästezimmer mit Frühstück.

**27** Wie werden die Handwerker mit in den Tourismus eingebunden?

(a) Durch den Einsatz moderner Baustoffe.
(b) Durch die überwiegend althergebrachte Bauweise.
(c) Durch den besonderen Blumenschmuck am Ort.

**28** Handwerksberufe in der Holzwirtschaft ...

(a) finden wenig Interesse bei Jugendlichen.
(b) haben keine Zukunftsperspektive.
(c) sind auch bei jungen Menschen beliebt.

**29** Im Westallgäu ...

(a) gibt es allgemein gute Berufsperspektiven.
(b) gibt es nur im Handwerk Ausbildungsplätze.
(c) sind die Menschen stolz auf die Landwirtschaft.

**30** Ferien auf dem Bauernhof ...

(a) sollen sich besonders für Familien durchsetzen.
(b) sind noch als Modell geplant.
(c) sind ein Beispiel für sanften Tourismus.

# Bildquellen

Umschlagfoto: © PxHere
Seite 6 © Pixabay
Seite 7 © Freepik.com
Seite 9 © Freepik.com
Seite 15 © Freepik.com
Seite 17 © Voula Triantopoulou
Seite 18 © Georgios Papazoglou
Seite 19 a, b © Freepik.com; c © Pixabay
Seite 20 © Pixabay
Seite 21 © Ingrid Dombrowski
Seite 27 a © Freepik.com; b © Unsplash; c © Vince Fleming / Unsplash
Seite 28 © Sofia Michala
Seite 30 a © Christian Buehner / Unsplash; b © Freepik.com; c © Freepik.com
Seite 31 © Ophelia Grammenos
Seite 35 a, d, e, f, g, h, i, k, l, m, n © Pixabay; c © Freepik.com; j © Mika Baumeister / Unsplash; unten: 1 © Pixabay; 3 © Mitch Boehn / Unsplash
Seite 37 © Andreas Goergen
Seite 40 a © Unsplash; b © Freepik.com; c © Jeswin Thomas / Unsplash
Seite 41 © Pexels
Seite 42 © Freepik.com
Seite 44 a © Pixabay; b © Unsplash; c © Edward Cisneros / Unsplash; unten: © Gaby Grammenou
Seite 46 © Pixabay
Seite 49 © Freepik.com
Seite 51 © Gaby Grammenou
Seite 52 a © Christina Wocintechchat / Unsplash; b © Andrea Piacquadio / Pexels; c © Pixabay
Seite 55 © Freepik.com
Seite 58 a © Pixabay; b © Harry Cunningham / Unsplash; c © Artem Beliaikin / Unsplash
Seite 61 © Freepik.com
Seite 64 a © Juan Encalada / Unsplash; b © Unsplash; c © Vasile Stancu / Unsplash
Seite 65 © Ophelia Grammenos
Seite 67 © Freepik.com
Seite 70 a © Alyibel / Pixabay; b © Erik Lucatero / Unsplash; c © Unsplash
Seite 73 © Freepik.com
Seite 75 © Gerhard Bona
Seite 76 a © Unsplash; b © Freepik.com; c © Maksim Goncharenok / Pexels
Seite 77 © Gaby Grammenou

*Wir haben uns bemüht, alle Inhaber von Bildrechten ausfindig zu machen. Sollten Rechte-Inhaber hier nicht aufgeführt sein, so ist der Verlag für entsprechende Hinweise dankbar.*

# Notizen

# Notizen